WACH AUF, GROSSER BÄR!

TEXT
TRACEY CORDEROY

ILLUSTRATIONEN
RACHEL SWIRLES

Für Mum
R. S.

Für Bramble,
mit Liebe
T. C.

Veröffentlicht nach Vereinbarung mit Meadowside Children's Books
185 Fleet Street, London, EC4A 2HS

Die deutsche Ausgabe erscheint bei
Parragon Books Ltd, Chartist House, 15–17 Trim Street, Bath BA1 1HA, UK

Realisation der deutschen Ausgabe: trans texas publishing, Köln
Übersetzung: Andreas Menkel für trans texas

ISBN 978-1-4723-0939-6
Printed in China

Parragon
Bath • New York • Singapore • Hong Kong • Cologne • Delhi
Melbourne • Amsterdam • Johannesburg • Shenzhen

Der Herbst war da. Die roten Beeren leuchteten in der Sonne und die Blätter tanzten im Wind. Und für Braunbär wurde es allmählich Zeit, sich für seinen Winterschlaf bereit zu machen. Den ganzen Herbst und Winter hindurch würde er schlafen. Und erst im Frühling würde er wieder erwachen ...

„Das Schönste am Herbst werde ich wieder verpassen!“, sagte er gähnend.

Feldmaus und Schneehase brachten Braunbär zu Bett,
und Eichhörnchen las ihm eine Geschichte vor.
Und so kam die Schlafenszeit.

„Bald wirst du wieder wach sein“,
versprachen sie.

„Aber ich möchte
so gern aufbleiben“,
seufzte Braunbär.

„Ich habe mich noch nie
im raschelnden Laub gewälzt,

bin noch nie durch
Riesenpfützen gehüpft,

und habe noch nie einen
Schneebären gebaut.“

„Ich werde dich wecken“, piepste Feldmaus,
„wenn ein Teppich aus Blättern den Waldboden bedeckt.
Dann wälzen wir uns im Laub, du und ich.“

„Und im prasselnden Regen“,
versprach Schneehase,

„hüpfen wir gemeinsam
durch die Pfützen.“

„Danach bauen wir zusammen einen Schneebären“,
freute sich Eichhörnchen.
„Wir werden dich schon wecken, wart’s ab!“

„Danke“, sagte Braunbär, und sein Kopf
war schwer vor Müdigkeit.
Dann war er auch schon eingeschlafen,
während draußen ein kühler Wind pfiff.

PSST!
(SCHLAFENDER BÄR)

Bald bedeckte ein Teppich aus Blättern den Waldboden, und Feldmaus versuchte, ihren Freund zu wecken.

„WACH SCHNELL AUF, BRAUNBÄR!“,

rief sie …

… aber Braunbär schlief weiter.

„Tja“, seufzte Feldmaus, „ich werde ein wenig raschelndes Laub aufbewahren, nur für den Fall …“

Und als prasselnder Regen fiel, versuchte Schneehase, seinen Freund zu wecken.

„WACH SCHNELL AUF, BRAUNBÄR!“,

rief er …

… aber Braunbär schlief weiter.

„Oh!“, rief Schneehase.

„Riesenpfützen!“

Und er fing etwas Regen in Eimern und Schüsseln auf, nur für den Fall …

Endlich fiel Schnee, die Flocken tanzten durch die Luft, und Eichhörnchen versuchte, seinen Freund zu wecken.

„WACH SCHNELL AUF, BRAUNBÄR!“,

rief es …

… aber Braunbär schlief weiter.

„Juhu!“, rief Eichhörnchen, als es ein Kissen ausschüttelte und die Federn wie Schneeflocken durch die Luft wirbelten.

„Davon werde ich einen großen Packen aufbewahren, nur für den Fall …“

Braunbär verpasste das alles.
„Was sollen wir nur machen?“, fragte Feldmaus.

„Wir müssen wohl bis zum Frühling warten“, seufzte Schneehase.

„Und *dann*“, lachte Eichhörnchen, „weiß ich, was wir machen werden!“ Und flüsterte den anderen seinen Plan ins Ohr.

Irgendwann erwachte Braunbär gähnend. Draußen wuchs grünes, weiches Gras, und junge Blätter sprießten an den Bäumen.

„O je“, seufzte er. „Es ist wieder Frühling geworden. Das Schönste habe ich verpasst.“

Er rieb sich die Augen.

Aber – was war das?

„Überraschung!“, riefen seine Freunde.
„Wir haben den Herbst und den Winter für dich aufbewahrt!“

Es gab raschelndes Laub zum Wälzen,

... Riesenpfützen zum Hüpfen ...

… und Federn, die wie Schneeflocken
in der Luft wirbelten.

„Vielen, vielen Dank!“,
rief Braunbär.

Doch auf einmal
mussten all seine Freunde
herzhaft gähnen.

Und so brachte Braunbär sie alle zu Bett. „Gute Nacht“, flüsterte er sanft.
„Gute Nacht, Braunbär“, flüsterten sie zurück,
und ihre Köpfe waren schwer vor Müdigkeit.